LA NOUVELLE
MESSALINE,
TRAGEDIE.
EN UN ACTE.
PAR PYRON, DIT PREPUCIUS.

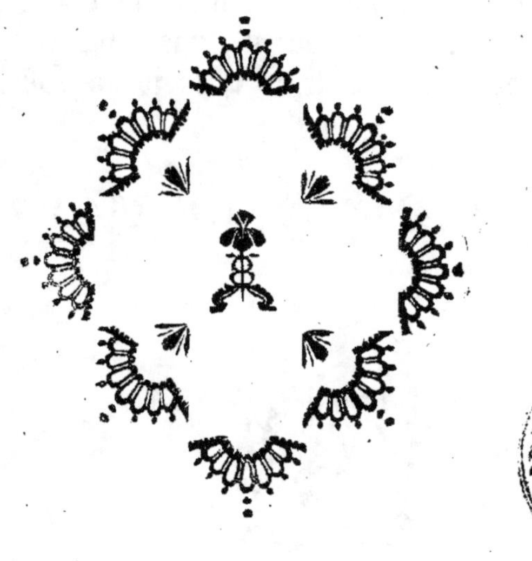

A ANCONE;

Chez CLITORIS, Libraire, rue du Sperme, vis-à-vis
la Fontaine de la Semence. à la Verge d'Or.

M. DCC. LII.

L'Auteur au Lecteur.

ON ne pourra pas ici me reprocher d'avoir infecté ma piece de mots sales & équivoques J'ai rendu, autant que j'ai pu, le style clair & net; & je puis assûrer que le Lecteur, si borné qu'il puisse être, ne trouvera rien au-dessus de la portée de son intelligence.

Car de ce grand Boileau contrefaisant le ton,
J'appelle un vit un vit, je nomme un con un con.

La singularité de ma piece me force, malgré ma modestie, à dire qu'elle est excellente dans son genre, que je la trouve telle, parce qu'elle est de moi, & que ceux qui auront le gout assez mauvais pour n'y pas applaudir, n'auront quà la jetter au feu, c'est de quoi je me soucie peu d'avance. Adieu.

Quoiqu'on attribue cette piece à Pyron, elle est de Grandval.

ACTEURS.

COUILLANUS, Roi de Foutage.

MESSALINE, Fille de Couillanus.

VITUS,

PINE DE VILLEPRUNE,

MATRICIUS,

NOMBRILIS,

} Princes & Amants de Meſſaline.

CONINE, Suivante de Meſſaline.

PLUSIEURS GARDES.

La Scene eſt a Paris dans l'Isle de Cythere.

LA NOUVELLE

MESSALINE,

TRAGEDIE.

SCENE PREMIERE.

MESSALINE, CONINE.

CONINE.

QUI, ce rapport, Madame, est fidele & sincere,
Dans une Isle prochaine on a vu votre pere ;
Eloigné de ces lieux depuis près de six ans,
Il revient dans ces murs embrasser ses enfans :
Mais que dois-je juger du chagrin où vous êtes,
Errante en ce Palais & toujours inquiette !
Vous ne m'écoutez pas, & vous fermez les yeux,
Craignant de rencontrer la lumiere des cieux :
Vous avez la douleur peinte sur le visage,
La tristesse sied mal aux filles de notre âge.
Mais, quoi ! vous soupirez ! quel est donc ce sujet ?

MESSALINE.

Ah ! si je suis chagrine, il en est un sujet :
Tu connois bien Vitus, ce Héros admirable
Que mon cœur adoroit, ce n'est qu'un misérable.

CONINE.

Par où vous déplaît-il ? & quel eſt ce tr anſport!

MESSALINE.

Que ne le vois-je , hélas, dans les bras de la mort ?
Sans doute il te ſouvient que dès cette journée
Qu'il parut à mes yeux, je me crus fortunée.
Il avoit en effet le dos large & quarré,
Le né long, je ne l'ai que trop conſidéré.
Sur un lit de gaſon, il me ſurprit dormante ;
Il leva de ſa main ma jupe un peu flottante ;
De ſa large culotte il arrachat ſon vit,
Et pour tout dire enfin, Conine, il me le mit.
Quel plaiſir! que de coups! juſtes Dieux, quelle joie !
Pyrrhus en eut-il plus, lorſqu il vit brûler Troye.
Sans jamais de mes bras ſe vouloir dégager,
Je le vis, & bander, & foutre, & décharger.
Et bien dònc, ce Vitus, dont la vigueur extrême
Me foutoit, refoutoit ſans en paroître blême,
Aujourd'hui, par un ſort que je ne comprends pas ;
Eſt plus mol que ne fut laine de matelas.
Son vit qui paroiſſoit ne reſpirer que foutre,
Sur les bords de mon con ne ſçauroit paſſer outre.
Oui, Conine, voilà quel étoit mon ſecret :
Si je ſuis ſi chagrine, eſt-ce donc ſans ſujet ?

CONINE.

Oui, vous avez raiſon, Madame, de vous plaindre,
Après un tel affront que pouvez-vous plus craindre ?
Mais enfin, quoiqu'il ſoit & cruel & ſanglant,
N'allez pas vous abbatre, & qu'un con ſi charmant
Garde bien de ſécher de honte & de triſteſſe,
Pour avoir de Vitus éprouvé la moleſſe.
Ne vaut-il pas mieux pour vous récompenſer. . .

MESSALINE.

J'entends, & de ce pas je m'en vais y penſer.
C'eſt nourrir trop long-tems une douleur timide,

Je veux que déformais le feul foutre me guide.
Allons, que des torrens de foutre répandus,
Satisfaffent à remplir tous mes momens perdus.
Mais, quelqu'un vient ici? ô ciel, qui pourroit-ce être?

CONINE.

Madame, c'eft Vitus, & je le vois paroître,

MESSALINE.

Ah! Conine, djs-lui, qu'en l'état où je fuis,
Le fuir & le bannir, c'eft tout ce que je puis.

SCENE II.
VITUS, CONINE.

VITUS.

ON m'abhorre, on me fuit! ah! paillarde Princeffe!
Réferviez-vous ce prix à ma tendreffe?
    a Conine.
Mais, dis-moi quel fujet a détourné fes pas?

CONINE.

Quoi! vous-même, Seigneur, ne le fçavez-vous pas?
Ne vantez plus ici toute votre tendreffe,
Vous qui l'avez pouffé jufques à la moleffe.

VITUS.

Il n'eft pas étonnant, j'en fais ici l'aveu,
Qu'après neuf coups de fuite, un vit débande un peu.

CONINE.

C'eft-là ce qui l'irrite en fa colere extrême!
Et peut-être, Seigneur, peut-être Vitus même,
Etant femme comme elle, après un tel affront,
D'un plus honteux dépit verroit rougir fon front.
Mais vangez-vous, Seigneur, & faites choix d'un autre;
Elle change de vit & méprife le votre,
Changez auffi de con, & méprifez le fien.

Puis-je ici, fans rougir, vous préfenter le mien ?
Peut-être, il s'en faut bien, qu'il ait autant de charmes:
Un Guerrier tel que vous veut de plus nobles armes.
Mais, fongez en voyant, s'il eft grand ou petit,
Que de changer de con augmente l'appétit,
                    VITUS.
Je fuivrois vos confeils, fi dans cette avanture,
Vous euffiez un peu moins écouté la nature :
Sans doute elle vous porte à me parler ainfi.
J'excufe vos tranfports, éloignez-vous d'ici:
Je pourrois me vanger d'un tel excès d'audace ;
C'eft affez vous punir, d'autant que vous voulez
Que je vons foute & que je ne veux pas, allez.
                  CONINE. à part,
Quel mépris! eh ! bien donc, je te ferai connoître
Que ton vit me foutra plus de neuf coups peut être.

SCENE III.

VITUS feul.

AMour, c'eft à préfent que je fçais ton pouvoir,
Tôt ou tard tu nous trompes, & tu le fais bien voir.
Je n'avois jufqu'ici regardé Meffaline
Que comme une putain pour amufer ma pine ;
En elle j'apperçois des attraits chaque jour,
Et plus je vois fon con, plus je reffens d'amour.
Conine vient s'offrir, & veut remplir fa place,
Et ce féroit toujours ne foutre qu'une garce.
Mais j'aime Meffaline, & je vais m'efforcer,
En la raffafiant, de la découroucer.

SCENE IV.

VITUS, GARDES.

GARDES.

Meſſaline, Seigneur, dans ſa douleur profonde,
Veut que de ce Palais j'écarte tout le monde ;
Elle vient.

VITUS.

Il ſuffit, je la laiſſe en ces lieux,
Et ne lui montre pas un viſage odieux.

SCENE V.

MESSALINE, PINE, MATRICIUS, NOMBRILIS.

MESSALINE.

Venez, fameux Héros, & tous trois prenez place ;
Je ſçais tous vos exploits, mais le choix m'embarraſſe,
Et je veux que le ſort décide ſeul du vit,
Du vit qui vient s'offrir pour entrer dans mon lit.
Mais, quoi ! que dis-je ? hélas ! quelle eſt mon imprudence ?
Non, ne nous en fions qu'à notre expérience.
Celui qui de vous trois eſt le plus vigoureux,
Entrera dans mon lit en me foutant le mieux.
Allons, braves Guerriers, excitez donc vos pines,
Briguez avec honneur le con de Meſſaline.
Entrez dans la carriere, & montrez tant d'ardeurs,
Qu'il ne ſoit entre vous, ni vaincus, ni vainqueurs.
Vous ſoumettez-vous tous à cette loi commune ?
Répondez le premier, Pine de Villeprune.

PINE.

J'obéis, je connois la vertu de mon vit :
Peut-être que des trois il eſt le plus petit ;

Mais, qu'importe, pourvu que des ruiſſeaux de foutre
Innondent votre con.

MATRICIUS.

N'avancez pas plus outre :
Sçachons qui de nous trois le premier la foutra.

MESSALINE.

Celui qui de vous trois le premier bandera.

MATRICIUS, PINE, NOMBRILIS, *enſemble.*

Mais nous bandons tous trois.

MESSALINE.

Ah! quel heureux préſage!
Je vais donc inventer une autre loi plus ſage.
Tirez, Matricius, quelques poils de mon con.

MATRICIUS.

J'en tiens.

MESSALINE.

Et vous Pine?

PINE.

J'en tiens auſſi.

MESSALINE.

C'eſt bon.
A vous donc, Nombrilis, ne craignez pas d'en prendre,
Mon poil renaît ſur l'heure, & revient de ſa cendre.
Comptez-les à préſent; combien Matricius?

MATRICIUS.

Dix-neuf.

MESSALINE.

Et vous Pine?

PINE

J'en ai quatre de plus.

MESSALINE.

Eh! combien en a pris de ſa dextre velue,
Le muet Nombrilis à la bouche couſue?

NOMBRILIS.

J'en ai tiré dix-ſept, Meſſieurs, ſoyez témoins;

Et

Et ſi je ne dis mot, je n'en bande pas moins.

MESSALINE.

Ne perdons pas de tems à des diſcours frivoles,
Il faut des actions & non pas des paroles.
Nombrilis en ces lieux me foutra le premier,
Matricius enſuite, & Pine le dernier.
Allons au Dieu Priape offrir ce ſacrifice :
Suivez-moi, Nombrilis, venez entrer en lice ;
Couchons-nous ſur ce lit, je décharge déja,
Et toi, décharges-tu ?

NOMBRILIS.

Laiſſe faire, va, va.

MESSALINE.

Mais, quoi ! ton vit débande, & le lâche recule ;
Je te croyois au moins la force d'un Hercule ;
Retire-toi d'ici, laiſſe-moi, pouſſe-mol,
Que le diable t'emporte, & te caſſe le col.
Venez, Matricius, & rempliſſez la place :
Quand je ſuis toute en feu, d'où vous vient cette glace ?
Où eſt donc votre vit ?

MATRICIUS.

Madame, le voilà.

MESSALINE.

Je tombe, juſte ciel, de charibde en ſylla ;
Vous ne pouvez bander, Dieux ! quel funeſte outrage.

PINE

Madame, je bandois, & je ne bande plus.

MESSALINE.

Ah ! c'eſt trop en un jour eſſuyer de refus.
Bandes-à-l'aiſe, fuyez, ôtez-vous de ma vue,
Vos vits ne bandant pas quand je ſuis toute nue.
Fuyez, dis-je, fuyez, craignez les mouvemens
Que pouſſeroient l'ardeur de mes reſſentimens.

SCENE VI.

MESSALINE *feule*.

O rage! ô défefpoir! ô Venus ennemie!
Etois-je réfervée à cette ignominie?
N'ai-je donc encenfé ton temple & tes autels,
Que pour être l'objet du foible des mortels?
Tu me vois aujourd'hui ratée par quatre infâmes,
Et tu n'entreprends pas la vengeance des femmes?
N'eft-ce donc pas pour toi le plus grand affront,
Qu'on m'ait enfin réduite à me branler le con?
Vange-toi, vange-moi, faifis-toi de la foudre,
Et que leurs vits molets foient tous réduits en poudre.
O terre, entr'ouvre-toi fous leurs pas chancelans;
Déeffe des enfers invente des tourmens,
Creufe à chaque inftant abyfmes fur abyfmes;
Qu'ils apprennent enfin comme on punit les crimes;
Et renverfant pour eux les ordres du deftin,
Faites qu'après leur mort ils foutent des putains,
Dont les cons vérolés, du fond de leurs matrices,
Ne lancent fur leurs vits que poulains, chaudepiffes,
Que d'affreux morpions leurs corps foient tout couverts,
Qu'ils déchargent toujours un foutre jaune & vert,
Et qu'un chancre fans ceffe en tourmentant leur ame,
Leur montre ce que c'eft que rater une femme.

SCENE VII.

MESSALINE, UN GARDE:

LE GARDE.

M Adame, votre pere en ce moment arrive,
Le peuple pour le voir s'empreffe fur la rive;

On n'entends que des cris ; mais il entre en ces lieux,
Cachez-lui pour un tems le trouble de vos yeux

SCENE VIII.

LE ROI, MESSALINE.

LE ROI.

MA fille, qu'il m'eſt doux, après ſix ans d'abſence,
de pouvoir en ce jour jouir de ta préſence,
De goûter des plaiſirs. ...

MESSALINE.

            Arrêtez, Couillanus,
Tous vos empreſſemens ſont pour moi ſuperflus ;
Vous êtes offenſé, la fortune mutine
N'a pas en votre abſence épargné Meſſaline ;
Indigne de vous voir & de vous approcher,
Je ne dois déſormais ſonger qu'à me cacher. (*Elle ſort.*)

LE ROI *ſeul.*

Quel eſt l'étrange accueil qu'elle fait à ſon pere ?
Ce départ ſi ſubit cache quelque myſtere ;
Sçachons en le ſujet de Conine qui vient,
A qui peut s'adreſſer le billet qu'elle tient.

SCENE IX.

LE ROI, CONINE.

CONINE.

SEigneur, c'eſt pour Vitus.

LE ROI.

            Pourquoi donc ta Maitreſſe
Fuit-elle à mon aſpect ? craint-elle ma tendreſſe ?

Son visage est en feu, ses yeux sont en courroux,
A quoi s'occupe-t-elle en ces lieux?

CONINE.

Elle fout.

LE ROI.

Le foutre fait passer des momens agréables,
Je ne condamne point ces passe-tems aimables,
Mais faut-il y donner & son tems & ses soins?
Se faisant des vertus, qu'elle foute un peu moins,
Qu'elle se fasse un nom glorieux dans l'histoire.

CONINE.

Seigneur, plusieurs chemins conduisent à la gloire,
Mais pour se faire un nom d'être victorieux,
Le foutre est sa vertu, c'est la vertu des Dieux.
Oui les Divinités n'en connoissent point d'autre,
C'est-là leur seul plaisir, & c'est aussi le nôtre.
Peut-on nous condamner de marcher sur leurs pas?
Détrompez-vous, Seigneur; foutre est la seule gloire
Qui puisse nous conduire au temple de mémoire.

LE ROI.

Je cede à tes raisons, un discours si touchant
Fait que mon vit se dresse, & je le sens bandant;
Je m'en vais de ce pas auprès de ma maîtresse.

CONINE.

N'allez pas lui donner des preuves de vieillesse.

SCENE X.

CONINE *seule.*

Daigne, amour, protéger mon amoureux dessein,
Fais que Vitus s'abuse, & qu'il me foute enfin;
Le voici qui paroît, s'il pouvoit me le mettre!

SCENE XI.

VITUS, CONINE.

CONINE.

SEeigneur, on m'a chargé de vous rendre une lettre,
La voici :

VITUS.

Lifons donc.

CONINE.

Dieu d'amour, fais fi bien
Que de mon artifice il ne foupçonne rien.

VITUS lit.

» Adorable Vitus, fi ton cœur m'aime encore ;
» Tâche de m'en donner la preuve en ce moment ;
» Je viendrai te rejoindre en cet appartement,
» Pour te jurer cent fois que mon ame t'adore.
» Mon pere eft en ces lieux ;
» De crainte qu'il ne vienne ici pour nous furprendre,
» Fais que tout ferme au mieux,
» Et qu'on ne puiffe enfin nous voir, ni nous entendre ».
O bonté fans exemple! adorable Princeffe.
Quoi pour mon vit encor votre con s'intéreffe ?
Et toi, mon vit, & toi ?

MESSALINE.

Jufte ciel, qu'il eft beau !
O con trois fois heureux qui baife ce moineau.

VITUS.

Pourquoi donc interrompre ainfi la periode ?
Hélas! qu'une fuivante eft fouvent incommode.
Et toi, mon vit, & toi, des vits le plus heureux,
Fais donc en ma faveur un effort généreux ;
Et puifqu'on ne l'a vu jamais raffafiée,
Par mes coups redoublés, fais du moins qu'épuifée,
Elle tombe fans force, & me confeffe enfin

Que j'ai feul le pouvoir de laffer fon conin
Va lui dire auffi-tôt qu'avec impatience
J'attends en ce moment de fon con la préfence.

SCENE XII.

VITUS *feul*.

COnine te lorgnoit, tu lui fais appétit:
Il eft vrai, j'aurois dû, la jettant fur le lit...
Qu'importe, quand j'aurai bien foutu Meffaline,
Je pourrai m'amufer à fa chere Conine:
Pour cela mon honneur feroit-il offenfé?
Ma gloire eft de bander, de foutre c'eft affez.
Eh! combien en eft-il, non pas un, mais cinquante,
Qui foutent la Maitreffe, enfemble la Suivante?
Mais mon bonneur approche: on vient, j'entends du bruit,
En fermant les rideaux, précipitant la nuit,
En croirai-je mon cœur? eft-ce vous Meffaline?

SCENE XIII.

VITUS, CONINE.

CONINE.

C'Eft moi, mon cher Vitus.

VITUS.

Mafquée! pourquoi cela?
Vous tenez quelque chofe, & je fens...

CONINE.

Alte-là.
Ce font de grands mouchoirs environ fix ou trente.

VITUS.

Grands Dieux! vous croyez donc ma pine être effez forte
Pour pouvoir empefer vos mouchoirs de la forte?
Détrompez-vous, Madame, cherchez en d'autres lieux

Des vits plus abondans & qui vous foutent mieux.

CONINE.

Faut-il que jufques-là le traître me ravalent!
Le foutre te plairoit, mais avec ma rivale,
Tu ne fçaurois bander, perfide, & je l'entends:
Eh bien! connois-moi donc, regarde s'il eft tems;
Vois ce que mon amour m'avoit fait entreprendre.
Tu demeures furpris? j'ai voulu te furprendre.
Ta furprife me vange, & bien-tôt à l'inftant
Tu vas fçavoir un fait beaucoup plus important.

SCENE XIV.

VITUS, CONINE, DEUX GARDES.

LE PREMIER GARDE.

AH! Seigneur, écoutez.

LE SECOND.

C'eft moi qui veut apprendre...

LE PREMIER.

Ecoutez-moi, Seigneur.

LE SECOND.

Seigneur, daignez m'entendre.

LE PREMIER.

Il ne fçait pas fa langue.

LE SECOND.

Il graffaye en parlant.

LE PREMIER.

Je fais bien les récits.

LE SECOND.

J'ai la voix de le Grand.

VITUS.

Oh! vous m'étourdiffez.

LE SECOND.

C'eft par un excès de zele.

VITUS.

Je vais par un seul mot finir votre querelle :
Commencez le récit, & vous le finissez,
Nous verrons qui des deux se sera surpassé.
Faites-nous apporter à chacun une chaise,
Pour entendre un récit, il faut être à son aise.

LE PREMIER.

A peine la Princesse avoit quitté ces lieux,
Nous la voyons sortir la fureur dans les yeux ;
Elle entre avec transport dans la sale des Gardes,
Et dit au Capitaine, en déchirant ses hardes,
Otez-moi ma chemise : il le fait : sur un banc
La Princesse aussi-tôt & se couche & s'étend.
Nous dévorons des yeux ses belles cuisses & blanches,
Ses fesses, & sa gorge, & ses aimables hanches,
Sa motte rebondie, & son con tout charmant.
Ah ! Seigneur, je ne puis en parler qu'en bandant.
Que chacun, nous dit-elle, vîte & s'arme & s'apprête,
De Venus aujourd'hui je célebre la fête ;
Vous n'aurez aucun mal, & j'en donne ma foi.
Venez, je le permets, bandez & foutez-moi.
Elle dit, & chacun l'admire & la contemple,
Et notre Capitaine, en nous donnant l'exemple,
La fout, Seigneur, la fout six coups sans déconner.
On nous commande alors de nous déboutonner.
Nous nous déboutonnons, & tout, selon sa charge,
Se couche dessus elle, & la fout & décharge.
Le nombre des fouteurs ne l'intimide pas,
Tenant son Cavalier ferme dedans ses bras,
Donnant des coups de culs, rapprochant chaque fesse,
Jamais il ne se vit de semblable allegresse.
Enfin, lorsque chacun, suivant son appétit,
Eut foutu, refoutu, chacun lave son vit.
Mais prodige étonnant, qu'on ose à peine croire,
Et qui ne sortira jamais de ma mémoire ;

La Princeſſe voulut ſe relever du banc,
Elle fait un effort, mais il eſt impuiſſant.
Le foutre qui s'étoit répandu ſur la planche,
S'étoit ſi fort collé, tant aux reins, qu'à la hanche,
Qu'elle ne pouvoit plus tourner d'aucun côté ;
Cependant par nos ſoins, nous l'en avons ôté :
Et j'avouerai, Seigneur, que jamais de ma vie
Je ne vis de la ſorte femme ſi agguérie.

LE SECOND.

Vous m'avez ordonné de parler le dernier,
Je rendrai mon diſcours auſſi net que denier.
La Princeſſe parut de ſes exploits charmée
Autant que pouvoit être un Général d'armée
Qui ſort victorieux d'un combat incertain.
Dans ſon appartement elle rentre ſoudain,
Et ſe fait à l'inſtant, par ſes filles de chambre,
Laver le cul, le con, ainſi que chaque membre.
Après avoir enfin fait ſon ablution,
Elle prit auſſi-tôt ſa réſolution.
Je forme, ce dit-elle, une noble entrepriſe,
Faites ſortir mon char de deſſous la remiſe,
Qu'on y mette à l'inſtant mes ſix chevaux entiers,
Je prétends de Molas viſiter les quartiers.
Si-tôt dit, ſi-tôt fait ; elle monte & ſe place,
Elle ſe fait conduire au chemin de Thalaſſe ;
A ſon ordre ſon char s'arrête, elle deſcend :
Nous ſommes tous ſurpris des larmes qu'elle répand ;
Mais malheur imprévu que produiſoient ſes larmes !
Elle veut s'enfermer. . . .

VITUS.
En quel endroit ?
LE GARDE.
Aux Carmes.

En faiſant ſes adieux, elle nous dit ces mots :
La vertu de mon con ſe perd dans le repos.

Je remplis un deſſein digne de mon courage :
J'ai tâté juſqu'ici du Marquis & du Page,
Du Suiſſe, du Soldat, & du Grand Amiral,
Pour eux enfin mon con s'étoit rendu banal,
Il faut faire une fin, je veux tâter du Moine,
Je laiſſe là le foin pour courir à l'avoine.
Elle nous quitte alors, & les Moines joyeux
Sans doutent à ce moment la foutent à qui mieux mieux.
Son pere, mais en vain, dans de rudes allarmes,
Tâche à la dégouter de ce Couvent de Carmes ;
Mais elle lui répond en ouvrant de grands yeux :
Faites-moi donc des vits qui puiſſent bander mieux.
Je ne crains point du tout ici d'être ratée,
ʒe les contenterai, je ſerai contentée
Que puis-je ſouhaitter ? ma force eſt dans mon con.
Et la leur eſt toujours daus leurs vits & couillons.
Mais, quoi ! déja l'ardeur de foutre les raſſemble,
Sortez, Seigneur, ſortez, & laiſſez-nous enſemble :
Son pere l'abandonne & lui dit en courroux,
Tu veux y demeurer ? demeures, je m'en fous.

VITUS.

C'eſt bien, je ne veux pas davantage en entendre ;
Je vous offre mon vit, ſi vous voulez le prendre,
Madame, il eſt à vous.

CONINE,

Je ne puis le haïr,
Et lorſque vous parlez, c'eſt à moi d'obéir.

VITUS.

Oublions Meſſaline, & ſans aller plus outre,
Que l'on nous laiſſe ici, venez

CONINE.

Où, Seigneur ?

VITUS.

Foutre.

FIN.

www.ingramcontent.com/pod-product-compliance
Lightning Source LLC
LaVergne TN
LVHW021812060726
842528LV00004B/1283